AF509247

CATALOGUE (N° 9)

—

ESTAMPES

ANCIENNES

ÉCOLE DU XVIIIᵉ SIÈCLE

PORTRAITS

Nanteuil — Le Beau — Chronologie collée

GRAVURES EN LOTS

ET

DESSINS

Portraits d'Acteurs — Costumes — Pièces sur le Théâtre

COLLECTION DE M. S***

Dont la vente aura lieu

HOTEL DES COMMISSAIRES-PRISEURS

RUE DROUOT, 9, SALLE N° 4

AU PREMIER ÉTAGE

Le Samedi 4 Novembre 1882

A UNE HEURE ET DEMIE PRÉCISES

———

Par le ministère de Mᵉ **MAURICE DELESTRE**, Commissaire-Priseur
rue Drouot, 27,

Assisté de **M. DUPONT** aîné, marchand d'Estampes,
rue de Seine, 21.

———

PARIS — 1882

CONDITIONS DE LA VENTE

—

Elle sera faite au comptant.

Les Acquéreurs paieront CINQ POUR CENT, en sus des enchères, applicables aux frais.

—

ORDRE DE LA VACATION

—

DÉSIGNATION

ESTAMPES

ALIBERT (à Paris, chez)

1 — Voltaire couronné par la France. — Voltaire aux enfers. 2 pièces, belles ép.

ALIX

2 — Portrait de Mirabeau. Belle ép. en couleur. — Autre par Beisson, en pied. 2 pièces.

ANONYMES

3 — Portrait de M. D..., gravé en couleur. Très belle ép. toutes marges.

4 — La Cachette découverte. Très belle ép. avant la lettre, toutes marges.

BARTOLOZZI (F.)

5 — La Duchesse de Devonshire, d'après Nixon. Très belle ép. imprimée en rouge.

BAUDOUIN

6 — Le Chemin de la fortune, par Voyez major. Très belle ép.

7 — Le Fruit de l'amour secret, par Voyez junior. Belle ép.

BEAUVARLET

8 — Les Enfants du comte d'Artois, d'après Drouais. Belle ép.

BINET

9 — Le Chasseur. — Le Plaisir de la pêche, par Testolini. 2 pièces.

BLONDEL

10 — Décoration intérieure de la galerie de l'hôtel de Villars. 4 pièces.

BOISSIER (A.)

11 — Barra, gravé par Van der Steen. Très belle ép.

BONNET

12 — Louis XV, d'après Van Loo. Très belle ép. en bistre.

BOREL

13 — La Morale inutile, par Voysard. Belle ép. toutes marges.

BOSSE (A.)

14 — La Galerie du Palais. Très belle ép. Rare.

15 — Sentiments sur la distinction des manières de peinture, dessin, etc. Cahier de 18 p. in-8°.

BRADEL

16 — Portrait de la chevalière d'Eon de Beaumont, médaillon sur un trophée d'armes. Belle ép. toute marge. — Le même personnage, in-8°, sans nom d'auteur. 2 pièces,

CARICATURES

17 — Annales du ridicule ou Scènes et caricatures parisiennes. 6 livraisons contenant 12 pièces coloriées.

18 — Les Bossus mélomanes, par H. F. Belle ép.

19 — Musée grotesque. — Théâtre de la Gaîté. — Costumes. 13 pièces coloriées.

CATHELIN

20 — Joseph Vernet, d'après Vanloo. Belle ép.

CHALLIOU (à Paris, chez)

21 — La Fille engageante. Belle ép.

CHASTILLON

22 — La place Dauphine, construite durant le règne de Henry le Grand. Très belle ép.

23 — Plan et description de Reims. Belle ép. en 3 feuilles assemblées.

COCHIN (C. N.)

24 — Hommage des Arts, gravé par Prévost. Très belle
ép. avec le portrait de Marie-Antoinette dans un
médaillon soutenu par des Amours.

25 — P.-J. Boudot, par Poilly. — Hue de Miroménil,
par Prévost. — Jacques Roettiers, par St-Aubin. —
Diderot. — D'Alembert, 5 pièces, belles ép.

COPIA

26 — Le Porte-drapeau de la fête civique. Très belle
ép. avant la lettre, toute marge.

27 — Mme de Genlis, d'après Miris. Très belle ép. toutes
marges.

COYPEL (Ch.)

28 — Mme de ***, en habit de bal. Très belle ép. sans
marge.

29 — L'air grave que je fais paraître......, par Lépicié.
Belle ép.

30 — La Matrone d'Ephèse, conte de Lafontaine, gravé
par Desplaces. Belle ép.

DAULLÉ (J.)

31 — Mme Favart dans le rôle de Bastienne, d'après
Vanloo. Belle ép.

DEBUCOURT

32 — Joly, acteur du Vaudeville, dans le rôle de
M. Scott. Très belle ép. en couleur, toute marge,

DELATTRE

33 — Mlle Colombe l'aînée, d'après Le Moine. Très belle
ép. toute marge.

DE LAUNAY (N.)

34 — Le comte de Tressan, d'après Borel. Très belle ép.
grandes marges.

DEMARTEAU

35 — Ninette, d'après Boucher, à la sanguine. — Ber-
gère assise, regardant des colombes, d'après Huet,
aux deux crayons. 2 pièces, belles ép.

DESPLACES

36 — Portrait de Mme Duclos, d'après Largillière. Très
belle ép.

DESRAIS

37 — Variétés amusantes ou la Courte paille. Ép.
légèrement coloriée.

DE TROY

38 — Danaé, par Daullé et Levesque. Belle ép. avant la
lettre, grandes marges.

DREVET (P.)

39 — Jacques-Bénigne Bossuet, en pied, d'après Rigaud. Très belle ép. avec quatre points.
40 — Jean-Balthazar Keller, d'après Rigaud. Très belle
ép. avant l'adresse de Chéreau.

DUPIN Fils

41 — Marie-Jeanne-Louise de Savoie, Madame, d'après Drouais. Belle ép.

42 — Portrait de Marmontel, d'après Cochin. Très belle ép. grandes marges.

ÉCOLE FRANÇAISE

43 — Tarquin et Lucrèce. — Portrait de Préville par Janinet. — La Confidence. — Paysages. 6 pièces en couleur.

EDELINCK (G.)

44 — Michel Le Tellier, chancellier de France. Belle ép. marge.

45 — Portrait de Poisson, rôle de Crispin. — Mezétin, par Vermeulen. 2 pièces, anciennes ép.

46 — Ant. Arnauld, Moréri, Fagon, J. Paul Bignon et autres. 6 pièces, belles ép.

EISEN Père

47 — La Folie du jour. Deux pièces gravées par Ang. Martinet, femme Dupuis. Belles ép.

EISEN (Ch.)

48 — Le Bouquet bien reçu, par R. Gaillard. Très belle ép.

49 — La Comète, par J.-P. Le Bas. Très belle ép. toutes marges.

50 — La Dame de charité, par Voyez l'aîné. Très belle ép. grandes marges.

51 — Les Désirs satisfaits, gravé par Patas. Très belle ép. toute marge.

ESNAULT et RAPILLY (à Paris, chez)

52 — La Chevalière d'Eon de Beaumont Très belle ép.
toutes marges.

53 — Jérôme de Lalande, d'après Pujos. — Alexis Piron,
d'après Hamilton. 2 pièces, belles ép.

FESSARD (Et.)

54 — Étienne-François de Choiseul, d'après Vanloo.
Belle ép.

FIQUET

55 — Pierre Corneille, d'après Lebrun. Belle ép. sans
marge.

FRAGONARD (H.)

56 — Les Baignets, gravé par N. de Launay. Très
belle ép.

57 — Dites donc s'il vous plaît, gravé par le même.
Très belle ép. avant la dédicace.

58 — Bas-relief antique, n° 2. Belle ép.

GAULTIER (Léonard.)

59 — Le Sceptre de milice. (Portrait de Henri IV, en
pied, brandissant un sabre.) Superbe ép. dans un
cadre en bois sculpté et doré.

GAULTIER (L.) attribué à

60 — Portraits de plusieurs hommes illustres qui ont
flory en France depuis l'an 1500 jusqu'à présent. 144
petits portraits avec un bref éloge sur chacun. Belles
ép. Suite complète connue sous le nom de *Chronologie collée.*

GIRARDET

61 — Les Travaux du Champ de Mars en 1790. — Les Premiers jours de mai à Paris en 1791. 2 pièces, belles ép.

GREUZE (J.-B.)

62 — La Petite Fille au chien, gravé par Porporati. Très belle ép.

63 — Le Repentir, par Moitte. — Florentine coiffée en papillon, par le même. 2 pièces, très belles ép. marges.

HUET (J.-B.)

64 — Vénus et Adonis, gravé par Bonnet. Belle ép. en couleur.

65 — Les Grâces enchaînées par l'Amour, gravé par le même. Très belle ép. en couleur.

INGOUF del. et sculp.

66 — Michel Leclerc, né à Dourdan. — Charles Minart, né dans le diocèse de Beauvais. 2 portraits en pied, belles ép.

JANINET

67 — Portrait de Lekain, d'après Brion de Latour. Belle ép. en couleur, toute marge.

68 — Mme Saint-Huberti, d'après Le Moine. Belle ép. en couleur, grandes marges.

JEAN (à Paris, chez)

69 — Louis XVI. — Marie-Thérèse-Charlotte, fille de
Louis XVI, à cheval. 2 pièces coloriées, toutes
marges.

JEAURAT (Et.)

70 — Le Carnaval des rues de Paris. — Le Transport
des filles de joie à l'hôpital, gravés par Le Vasseur.
2 pièces, très belles ép. marges.

71 — Les Quatre Saisons, d'après Vleughels. — Les
Cinq Sens, d'après S. Le Clerc fils. — L'Ambition,
l'Amour, la Haine, par le même. 13 pièces, belles
ép. toutes marges.

JEUX

72 — Nouveau jeu du Solitaire, à Paris, chez Renou,
in-fol. Rare.

73 — Le jeu royal de l'Oie renouvelé des Grecs. — Le
Nouveau jeu de l'Oie, dédié au beau sexe. A Orléans
chez Letourmy. Deux pièces sur bois, coloriées.
Rares.

74 — Nouveau jeu historique de la Monarchie française. — Grand jeu de l'histoire de Rome. — Grand
jeu de l'histoire ancienne de la Grèce. 3 pièces grand
in-fol. Belles ép.

75 — Jeu de la Lecture, inventé par Mlle Duteil. A Paris,
chez Crépy. — Les Tables de Géographie réduites
en un jeu de cartes, par P. Duval. 2 pièces grand
in-fol.

LANCRET

76 — Paté d'anguille, conte de Lafontaine, par de Larmessin. Très belle ép., grandes marges.

LANGLOIS

77 — Portrait de Mme Joly, du Théâtre-Français. Très belle ép. sur chine, toutes marges.

LANTE (Joseph.)

78 — Voltaire et le Père Adam. Belle ép. toute marge.

LAVREINCE

79 — Le Lever des Ouvrières en modes, par Dequevauviller. Très belle ép.

80 — Les Offres séduisantes, par Delignon. Très belle ép. grandes marges.

LE BEAU

81 — Charles-Geneviève d'Eon de Beaumont, d'après Desrais. Très belle ép. toute marge.

82 — Elisabeth-Philippe-Marie-Hélène de France, sœur de Monseigneur le Dauphin, d'après Fontaine. Très belle ép., grandes marges.

83 — Le même portrait. Très belle ép., grandes marges.

84 — Louis-Henri-Joseph de Bourbon-Condé, d'après Le Noir. Très belle ép.

85 — Louis-Jean-Marie de Bourbon, duc de Penthièvre. Très belle ép.

86 — Madame Louise-Marie de France, d'après Quéverdo. Très belle ép. toutes marges.

87 — Marie-Adélaïde-Clotilde-Xavier de France, d'après Fontaine. Très belle ép.

88 — Marie-Thérèse, mère de Marie-Antoinette. Très belle ép., grandes marges.

89 — Marie-Thérèse, comtesse d'Artois, d'après Ferdink. Belle ép. marge.

LE BRUN

90 — L'Intrigue découverte, par Voysard. Belle ép.

LE MESLE

91 — Le Cuvier, conte de La Fontaine, par Fillœul. Très belle ép.

LE MIRE (N.)

92 — La Pupille, d'après J. B. Descamps. Belle ép. marges.

LEPIC

93 — Programme du Cercle de la Presse. 1878. Très belle eau-forte, avec dédicace à M. Siraudin.

LEU (Thomas de)

94 — Aliénor d'Autriche, reine de France. Belle ép.
95 — Henri II, Gabrielle d'Estrées, Prince de Condé, etc. 8 Pièces.

LONGUEIL (de)

96 — Louis XVI entouré de figures allégoriques, d'après Cochin.

LOUTERBOURG

97 — Repos de chasse de madame la comtesse de ..... gravé par Demonchy. Belle ép. toutes marges.

MASSON (Ant.)

98 — Guillaume de Brisacier, d'après N. Mignard. Belle ép.

99 — Marie de Lorraine, duchesse de Guise. — Hardouin de Péréfixe, archevêque de Paris. 2 pièces d'après Mignard.

MARTINET (à Paris, chez)

100 — Costumes d'acteurs et d'actrices, 84 pièces coloriées.

MÉRYAN

101 — Profils de la Ville de Paris, 1620 et 1654. — Plan de Paris, 1654. Ensemble 3 pièces, belles ép.

MIXELLE

102 — Ah ! si je te tenais. — Ah ! comme t'en tiens. 2 pièces imprimées en bistre, belles ép.

MONDHARE (à Paris, chez)

103 — Portrait de Carlin Bertinazzi dans le rôle d'Arlequin. Très belle ép. en couleur, toutes marges.

MONNET (D'ap.)

104 — Jupiter et Antiope. — Jupiter et Io, par Vidal. 2 pièces avant la lettre et avant la draperie, grandes marges.

105 — Vénus et Adonis. — Renaud et Armide, gravés par le même. 2 pièces avant la lettre et avant la draperie, grandes marges.

106 — Salmacis et Hermaphrodite, par Vidal. Belle ép.

MONNIER (Henry.)

107 — Son Portrait par lui-même, in-8°. — Le même Portrait in-4° avec entourage. 2 Pièces, belles ép. coloriées, grandes marges.

108 — Les Sauveurs de la France. Belle ép. coloriée.

109 — L'Espionne, comédie-vaudeville en trois actes. Suite de six costumes coloriés toutes marges, dans la couverture de publication.

MOREAU LE JEUNE

110 — Déclaration de grossesse. — Les Précautions. 2 pièces par Martini, toutes marges.

111 — Chansons de Laborde. 2 pièces, encadrées.

NANTEUIL (Rob.)

112 — Jacques Amelot (R. D. 19) 1er état. Très belle ép. rare. — Le même Portrait, belle ép. 2 pièces.

113 — Anne d'Autriche (R. D. 22). Belle ép.

114 — Antoine Barberin, cardinal archevêque de Reims (29). Très belle ép.

115 — François Blondeau, président de la Chambre des Comptes (40). Belle ép.

116 — Bochart de Sarron (42). Belle ép.

117 — Frédéric Maurice de la Tour d'Auvergne, duc de Bouillon (48). Belle ép. du 3e état.

118 — Marie de Bragelogne, veuve de Cl. Le Bouthillier (R. D. 57). Très belle ép.

119 Pierre du Cambout, cardinal de Coislin, évêque d'Orléans (R. D. 70). 1er état avant la croix pastorale.

120 — J.-B. Budes, comte de Guébriant (R. D. 104), in-fol., 2e état. — Louis Hesselin (109), grand in-8°, l'ovale seul. 2 pièces, belles ép.

NANTEUIL (Rob.)

121 — Louis Hesselin (110). Très belle ép.

122 — Denis de La Barde, évêque de Saint-Brieuc (R. D. 115). Très belle ép. — Le même Portrait, belle ép. 2 pièces.

123 — Michel Le Tellier (R. D. 128), 2ᵉ état. — Denis Marin (170), 1ᵉʳ état. 2 pièces sans marges.

124 — Dominique de Ligny, évêque de Meaux (144). — Jean-Antoine de Mesmes. — Van Steenberghen. — Vincent Voiture, in-4°. 4 pièces.

125 — Le Cardinal Mazarin (R. D. 179). — Le même personnage (181), 5ᵉ état. 2 pièces.

126 — Potier de Novion (207), 2ᵉ état. Belle ép.

127 — Pet. Payen Deslandes (210). Très belle ép.

128 — Jean-François Sarrasin (R D. 220), in-4°. Belle ép.

129 — Claude Thévenin (231), 1ᵉʳ état, sans marges.

130 — Denis Talon, grandeur naturelle. Belle ép.

131 — Cardinal Barberin. — Benoise — Guy Chamillard — et G. de Ficubet. 4 pièces.

NATTIER (D'ap.)

132 — Flore à son lever (la duchesse de Chartres). Gravé par Maleuvre. Belle ép.

NOEL (à Paris, chez)

133 — Folies de Carnaval ; la Descente de la Courtille. Belle épreuve, très rare.

PATERRE

134 — Les Amants heureux, par Fillœul. Très belle ép., marges.

135 — Le Baiser rendu, conte de Lafontaine, gravé par le même. Très belle ép., marge.

PELÉE

136 — Portrait de Bernardin de Saint-Pierre, d'après
Lafitte. Belle ép. avant la lettre sur chine, avec la
sphère.

PIÈCES HISTORIQUES

137 — Massacre de Henry-le-Grand par François Ra-
vaillac, le 14 mai 1610. Belle ép.

138 — Pièces historiques sur la Révolution, Caricatures,
Jeux de Société, Rébus, Affiches, etc. 22 pièces en
noir et coloriées.

139 — Cérémonie du mariage de S. A. R. Monseigneur
le duc de Berry avec S. A. R. Madame la princesse
Caroline de Naples. Pièce gravée sur bois, très rare.

140 — Souvenir des 27, 28 et 29 Juillet 1830. 4 pièces
imprimées en trois couleurs, publiées par Knecht
et Roissy, 1831 ; avec la couverture de publication.

POILLY (F.)

141 — Jérôme Bignon d'après Ph. de Champagne. Très
belle ép.

142 — Mme de La Mothe Houdancourt. Très belle ép.

143 — Guillaume de Lamoignon, entouré de figures
allégoriques, d'après Mignard. Belle ép.

POILLY (N.)

144 — François de Troy, peintre. Très belle ép. avant
toutes lettres, non terminée.

PORTRAITS DIVERS

145 — Gilles Demarteau, in-8° carré. Belle ép. toutes
marges.

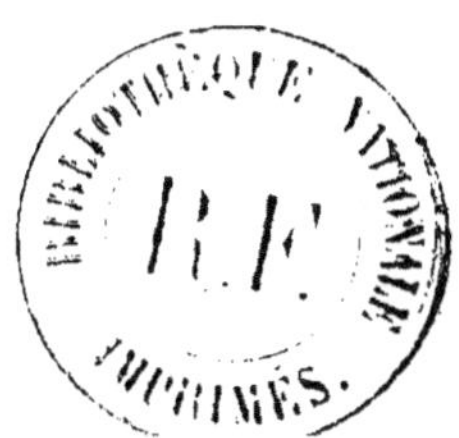

PORTRAITS DIVERS

146 — Larive, célèbre tragédien, avant toute lettre, en couleur. — P. Gaveaux, auteur et acteur, par Chrétien. — J. Darcet, de l'Institut national, par le même. 3 pièces, grandes marges.

147 — Marie-Antoinette, gravée au pointillé, avec une tablette en bas représentant ses adieux à sa famille. Très belle ép. toutes marges.

148 — Prosper Mérimée à vingt ans, in-4° colorié, rare. Autre par Régamey, avant et avec lettre. 3 pièces.

149 — Robespierre, Marat et Charlotte Corday. 3 portraits avant toutes lettres sur la même feuille. Rares.

PRUD'HON (D'ap.)

150 — L'Amour caresse avant de blesser, gravé par B. Roger. Très belle ép. avant toute lettre.

151 — Constitution française, gravé par Copia. Belle ép.

152 — Thémis, lithographie par Jules Boilly. Belle ép.

QUÉVERDO

153 — L'Occasion favorable, par Duhamel. Très belle ép. toute marge.

154 — Le Repos, gravé par Dambrun. Très belle ép. grandes marges.

RIGAUD (D'ap. H.)

155 — Vertumne et Pomone, gravé par M. Dossier. Très belle ép. grandes marges.

ROY (C.)

156 — Mlle Thérèse Bourgoin, d'après Sicardi. — Mlle Alexandrine St-Aubin. 2 pièces, belles ép. toutes marges.

SAINT-AUBIN (Aug. de)

157 — Portrait de Linguet, d'après Greuze. Necker, d'après Duplessis. 2 pièces, très belles ép. toutes marges.

158 — Fénelon, d'après Vivien, in-4°, toutes marges. — Necker, d'après Duplessis, in-fol, 2 pièces, belles ép.

159 — Victor-Amédée, roi de Sardaigne, d'après Boucheron, in-fol. Très belle ép. toutes marges.

SAVART

160 — Mme Deshoulières, d'après Élis.-Sophie Chéron. Belle ép.

161 — Buffon, d'après Drouais. — Jean de La Bruyère. 2 pièces, belles ép.

SCHALL

162 — Le Bouquet impromptu, par Legrand. Très belle ép.

163 — Le Modèle disposé, par Chaponnier. Très belle ép. toute marge.

SCHENAU

164 — Le Petit viseur, par Ang. Martinet. Très belle ép. toute marge.

SERGENT

165 — Vue de la Rotonde et du jardin du Palais-Royal. Belle ép. en bistre, avant toutes lettres.

SIROUY (Ach.)

166 — Portrait de Eug. Delacroix. Très belle ép. sur chine, signée.

TROUVAIN

167 — Robert de Cotte, d'après Tortebat. Très belle ép. grandes marges.

VAN DYCK

168 — Juste Sustermans. Belle ép.

VAN LOO (D'ap.)

169 — Marie, princesse de Pologne, reine de France, en pied, par N. de Larmessin. Très belle ép. marges.

VAN SCHUPPEN

170 — Antoinette de la Garde des Houlières, d'après Élis.-Soph. Chéron. Belle ép.

171 — Louis XIV. — Fr. Píthœus. — Lefèvre de Caumartin. 3 pièces.

VERNET (Joseph.)

172 — Le matin. — Le midi, gravés par Aliamet. — Paysages d'après Louterbourg et Mettay. Ensemble 4 pièces, très belles ép. grandes marges.

VIGNERON

173 — Feuille de portraits des principaux acteurs et actrices des Théâtres de Paris, 1819; grand in-fol. Rare.

VIGNETTES

174 — Suite de vignettes d'après Marillier et Monnet, pour les œuvres de Gessner. 61 pièces, toutes marges.

175 — Cinq vignettes in-12, par Couché, d'après Moreau, pour le Précis de la Révolution, avant la lettre; 4 vign. pour les contes de La Fontaine, d'après Eisen, et 6 vign. d'après Gillot, pour le Lutrin. Ensemble 15 pièces.

176 — Suite de 12 très petites vignettes pour Paul et Virginie. — La même suite coloriée. Ensemble 24 pièces.

177 — Vignettes pour les œuvres de La Fontaine, d'après Johannot, etc. 8 pièces d'artiste, sur Chine.

VLEUGHELS

178 — Frère Luce, conte de La Fontaine, par de Larmessin. Belle ép.

179 — La Jument du compère Pierre, par le même. Très belle ép. marge.

180 — Le Villageois qui cherche son veau, gravé par de Larmessin. Belle ép.

VUES DIVERSES

181 — Vues de Paris, des suites de Campion et Janinet. 6 pièces en couleur.

VUES DIVERSES

182 — Vues de Paris, dessinées et gravées par Martinet. 15 pièces.

183 — Vues générales de Paris, d'après J. Rigaud. 7 pièces, belles ép. grandes marges.

184 — Panorama de Paris, dessiné par A. Noël et gravé par Salathé. Belle ép. en 2 feuilles non jointes, imprimé à deux teintes. — Le même panorama, en contre-partie, avant la lettre, en noir. 2 pièces.

185 — Panorama de Paris, dessiné par Schmid et gravé par Hurlimann ; grand in-fol. en 4 feuilles assemblées.

186 — Vues de St-Cloud, par J. Rigaud. 4 pièces, belles ép. toutes marges.

187 — Loge des Changes de Lyon, gravé par F.-N. Sellier. Très belle ép. marge.

188 — Vues et Plans de Paris ; vues de France, etc. Environ 100 pièces. Trois lots.

WAGNER (J.)

189 — Scènes de la Comédie italienne, d'après Ferretti. 4 pièces, belles ép.

WATTEAU (Ant.)

190 — La Troupe italienne (R. D. 8). Belle ép. avec l'adresse de Sirois. Très rare.

WATTEAU (D'ap.)

191 — Les Amants heureux, par Filleul. Très belle ép. grandes marges.

192 — L'amour et le badinage, par le même. Très belle ép. grandes marges.

WATTEAU (D'ap.)

193 — Pour garder l'honneur d'une belle.... par Cochin. Belle ép.

194 — Pour nous prouver que cette belle... par Surugue. Très belle ép.

195 — Heureux âge, âge d'or...., par Tardieu. Très belle ép.

196 — Sous un habit de Mézétin...., par Thomassin. Belle ép. fatig.

197 — Le Concert champêtre, par B. Audran. Très belle ép. marges.

198 — Le Lorgneur, gravé par Scotin. Très belle ép. toutes marges.

199 — Mézétin. par B. Audran. Très belleép.

200 — L'Amour au Théâtre Italien. Belle ép. sans marge.

201 — Camp volant, par N. Cochin. Très belle ép. grandes marges.

202 — Retour de Campagne, par N. Cochin. Très belle épreuve.

203 -- Momus; feuille de paravent. Très belle ép. toutes marges.

WILLE

204 — Les Joueurs, par L. Romanet. Très belle ép. avant la lettre, grandes marges.

205 -- Sous ce numéro il sera vendu environ vingt lots de gravures anciennes et de l'École française du dix-huitième siècle. Portraits anciens par Edelinck, Poilly, Audran, Van Schuppen, Saint-Aubin, etc.

DESSINS

—

CHAM

206 — Feuille de croquis à la plume, contenant 33 sujets.

CICERI (Eug.)

207 — Des Laveuses au bord d'un étang. Très beau dessin à l'aquarelle, signé.

COURBET (Gustave.)

208 — Le Braconnier. Très joli dessin à la pierre noire, encadré.

DANLOUX (Attribué à)

209 — Portrait de femme de profil. Joli dessin à la pierre noire et à l'aquarelle.

DESRAIS

210 — Paris tel qu'il est ou le trompe-l'œil. Beau dessin à la plume lavé de sépia, (a été gravé).

DORÉ (Gustave)

211 — Vue intérieure du Jardin du Luxembourg. Joli dessin au crayon lavé de sépia, signé.

ÉCOLE FRANÇAISE

212 — Fragment d'un dessin représentant une Promenade au Palais-Royal. — Deux jeunes Femmes dans un parc. 2 jolis dessins à l'aquarelle.

213 — Vue du Théâtre de l'Odéon. Très joli dessin à l'aquarelle (a été gravé dans l'ouvrage de La Borde).

214 — Vue de la Pompe à feu construite au midi de Paris par M. Bellanger, et destinée à élever les eaux de la Seine pour l'usage des habitants du faubourg Saint-Germain. — Projet d'une fontaine publique dédiée aux Héros français. 2 Jolis dessins à l'aquarelle et à la sépia.

EISEN del. 1776.

215 — Portraits en pied de Belcourt dans le *Joueur*. — Brizard — et Préville. 3 Charmants petits dessins à l'aquarelle sur vélin.

FRAGONARD (H.)

216 — Le Repos de l'Amour. Belle étude au crayon lavée de sépia.

FRAGONARD (Attribué à)

217 — Deux Amours voltigeant. Joli dessin à la pierre noire lavé d'encre de Chine.

GARNEREY (H.)

218 — Vue du Port de Nantes. Joli dessin à l'aquarelle

GRANDVILLE (J.-J.)

219 — Dernière maladie de Potier. Beau dessin à la plume rehaussé de blanc ; signé.

GRÈVEDON

220 — Têtes de Femmes. 2 beaux dessins à la pierre noire et à l'encre de Chine, rehaussés d'aquarelle.

GUÉRIN (B.)

221 — Portrait de Potier dans le rôle du Marchand de chevaux. Joli dessin à l'aquarelle; signé.

LANCRET (D'ap.)

222 — Les Troqueurs, conte de La Fontaine; ancien dessin à la pierre noire.

LEBRUN (Mme Vigée)

223 — Mme Elleviou, assise, dans un paysage. Très beau dessin à la sanguine, rehaussé de blanc.

LE PRINCE

224 — Mlle Desmares. Joli dessin au crayon noir et à la sanguine.

LESUEUR, 1788

225 — Monuments dans le style égyptien. Très beau dessin à l'encre de Chine lavé d'aquarelle.

MALLET

226 — La Marchande de crêpes. Très beau dessin à l'aquarelle (a été gravé).

MINIATURES

227 — Lettres ornées de Sujets et de Fleurs sur vélin, des XVIe et XVIIe siècles. 10 pièces montées en dessin et encadrées. Sera divisé.

MONNIER (Henry).

.228 — Sn Portrait, en pied. Beau dessin à l'aquarelle.
229 — Son Portrait dans le rôle de M. Potin. Deux jolis
dessins à l'aquarelle.

PRUD'HON (Attribué à)

230 — Esculape. Projet de fronton pour l'Ecole de Mé-
decine. Joli dessin à la pierre noire rehaussé de
blanc sur papier bleu.
231 — Portrait de Boïeldieu. Joli dessin à la pierre
noire rehaussé de blanc sur papier gris.
232 — Portrait de Potier en buste, grandeur naturelle.
Beau dessin à la pierre noire rehaussé de blanc sur
papier bleu.

REMBRANDT (École de)

233 — La Présentation au Temple. Beau dessin au
crayon noir et à la sanguine.

ROGER DE BEAUVOIR

234 — Les OEufs de Lise. Joli dessin à la plume. Au-
dessous, la Chanson manuscrite, 2 pages in-12 (avec
dédicace signée à M. Siraudin).
235 — Jeune Femme assise et lisant. Très joli dessin à
l'aquarelle, signé.
236 — Un Coin de Restaurant. Joli petit dessin à l'aquarelle, avec dédicace signée à M. Siraudin.
237 — Une Partie de campagne. Joli dessin à l'aquarelle, signé.

ROQUEPLAN (C.)

238 — Chambre du *Testament de César Giraudeau*. Dessin à l'aquarelle, signé.

SAINT-AUBIN (Gabr. de)

239 — Dîner offert à Versailles à l'occasion du mariage d'une princesse. Très joli croquis à la plume lavé de sépia.

240 — Peintre dessinant. Joli dessin à la pierre noire.

241 — Portrait de Mme Préville, ancienne actrice des Français, de profil. Très beau dessin aux crayons de couleur.

STAAL (G.)

242 — Portrait d'une jeune Femme, en pied, tenant un éventail. Très joli dessin au crayon noir rehaussé de blanc, signé.

VERDIER

243 — Mercure apparaissant à des jeunes filles. Beau dessin à la plume lavé de bistre.

VERNET (Carle.)

244 — Préville, rôle de Bridoison. — Desessarts, rôle de Bartolo. 2 très petits dessins à la sépia.

VILLENEUVE et autres

245 — Marine. — Paysages. 3 jolis dessins à la sépia, à l'aquarelle et à la gouache.

VITAL (Raphael.)

246 — Portrait de Potier, acteur. Très-beau dessin à l'encre de Chine ; signé.

WATTEAU DE LILLE

247 — Portraits de Bobèche et de Galimafré, en buste, demi-nature. Deux très-beaux dessins à la pierre noire rehaussés de blanc sur papier gris.

DESSINS DIVERS

PORTRAITS ET PIÈCES SUR LE THÉATRE

248 — Mlle Contat, attr. à Coutellier. — Mme Dérivis. — Mme Falcon. — Préville. 4 jolis dessins à l'aquarelle.

249 — Potier copiant un rôle. Joli dessin à la pierre noire rehaussé de blanc.

250 — Portraits de Tallien. — Debureau. — Mme Dorval. Mlle Guillemin, du Vaudeville. 4 jolis dessins à la pierre noire et au crayon.

251 — Décors pour *Notre-Dame de Paris*. 2 dessins à l'aquarelle.

252 — Scènes de Théâtre. Chœur de Fleuristes à l'Opéra-Comique. — Louis XIV et Lavallière, théâtre Déjazet. — L'Etudiant. — Le Touriste, etc. 5 dessins à l'aquarelle, à la sépia et à la pierre noire.

253 — Costumes d'Acteurs et d'Actrices publiés chez Martinet. 9 dessins à l'aquarelle.

254 — Costumes pour *la Mère Angot*, signés Gillot. — 2 Costumes approuvés par Victorien Sardou. — 2 Études de Têtes par Dupendant, etc. 8 dessins à l'aquarelle.

V⁰ RENOU, MAULDE et COCK

IMPRIMEURS DE LA COMPAGNIE DES COMMISSAIRES-PRISEURS

Rue de Rivoli, 144.